# essentials

*essentials* liefern aktuelles Wissen in konzentrierter Form. Die Essenz dessen, worauf es als „State-of-the-Art" in der gegenwärtigen Fachdiskussion oder in der Praxis ankommt. *essentials* informieren schnell, unkompliziert und verständlich

- als Einführung in ein aktuelles Thema aus Ihrem Fachgebiet
- als Einstieg in ein für Sie noch unbekanntes Themenfeld
- als Einblick, um zum Thema mitreden zu können

Die Bücher in elektronischer und gedruckter Form bringen das Expertenwissen von Springer-Fachautoren kompakt zur Darstellung. Sie sind besonders für die Nutzung als eBook auf Tablet-PCs, eBook-Readern und Smartphones geeignet. *essentials:* Wissensbausteine aus den Wirtschafts, Sozial- und Geisteswissenschaften, aus Technik und Naturwissenschaften sowie aus Medizin, Psychologie und Gesundheitsberufen. Von renommierten Autoren aller Springer-Verlagsmarken.

Weitere Bände in der Reihe http://www.springer.com/series/13088

Artur Mertens

# Markenorientierte digitale Transformation

Wie Sie Ihr Unternehmen erfolgreich in das digitale Zeitalter führen

Artur Mertens
Griesheim, Deutschland

ISSN 2197-6708                ISSN 2197-6716   (electronic)
essentials
ISBN 978-3-658-24924-3        ISBN 978-3-658-24925-0   (eBook)
https://doi.org/10.1007/978-3-658-24925-0

Die Deutsche Nationalbibliothek verzeichnet diese Publikation in der Deutschen Nationalbibliografie; detaillierte bibliografische Daten sind im Internet über http://dnb.d-nb.de abrufbar.



Springer Gabler ist ein Imprint der eingetragenen Gesellschaft Springer Fachmedien Wiesbaden GmbH und ist ein Teil von Springer Nature
Die Anschrift der Gesellschaft ist: Abraham-Lincoln-Str. 46, 65189 Wiesbaden, Germany

# Was Sie in diesem *essential* finden können

- Einführung in die Grundlagen des digitalen Wandels
- Entwicklung eines markenorientierten Ansatzes zur digitalen Transformation
- Vorstellung des Marken-Transformations-Kreisels

# Inhaltsverzeichnis

# Über den Autor

**Artur Mertens** ist Bereichsleiter Unternehmensentwicklung der ENTEGA AG, die sich innerhalb der Energiewirtschaft einen Namen als regionaler Treiber der Energiewende sowie Wegbereiter einer modernen Nachhaltigkeit gemacht hat. Artur Mertens verantwortet – neben der klassischen Strategiearbeit und der Leitung des Marketing-Boards, das einen besonderen Fokus auf die (Neu-) Positionierung der Marke ENTEGA legt – die Themen „Digitalisierung" und „Transformation" für den ENTEGA Konzern. Er versteht es auf einer starken analytischen Basis, die neue strategische Landkarte der Energiebranche mit ihren Herausforderungen, Umbrüchen und geschäftlichen Chancen auszuleuchten und die managementrelevanten Entscheidungen abzuleiten. Dabei liegt sein besonderer Fokus auf dem Identifizieren potenzieller Wachstumsfelder, der Entwicklung innovativer Geschäftsmodelle und deren Implementierung in den Konzernverbund. Hervorzuheben ist sicherlich seine aktuelle Arbeit an neuen Lösungen im Gesamtkontext der Energie und ihren Nahtstellen zu Mobilitätskonzepten, Informationssystemen, vernetzten Infrastrukturen, urbanen Lebenskonzepten und deren Einbettung in den Wertewandel bei Konsumenten und Gesellschaft.

Der Jurist erwarb einen Executive Master of Business Administration (Executive MBA) an der Universität St. Gallen (HSG) und ist Herausgeber des Werkes zur Markenführung in den sozialen Medien „Social Branding" (Springer Gabler).

# Einführung

**1**

Wenn der Wind der Veränderung weht,
bauen die einen Mauern und die anderen Windmühlen.[1]

Die Welt verändert sich. Menschen ändern ihre Wünsche, Märkte ihre Strukturen und Unternehmen ihre Konzepte, um darauf zu reagieren. Das Einzige, das scheinbar konstant bleibt, ist der Wandel.

Erfolgreiche Marken begegnen diesem Wandel seit jeher auf zweierlei Arten. Zum einen gehen sie mit der Zeit, das heißt sie bleiben nicht stur stehen, sondern lassen sich auf veränderte Rahmenbedingungen ein und entwickeln das Unternehmen so weiter. Zum anderen bleiben sie aber auch in stürmischen Zeiten beständig, wie ein Fels in der Brandung, sind verlässlich und sich selbst treu.

Diese Dualität lässt Marken insofern mit den immer wiederkehrenden Herausforderungen wachsen und gleichzeitig Leuchtturm innerhalb dieser Veränderungsprozesse sein. Marken können den Wandel demnach nutzen, um langfristig erfolgreich am Markt zu agieren. Vorausgesetzt sie sind in der Lage die Bereitschaft zu wecken, auf veränderte Rahmenbedingungen positiv zu reagieren, Marktchancen zu entdecken und aktiv anzugehen und angepasste Strategien, Strukturen und Prozesse mit Leben zu füllen, ohne dabei ihre wesensprägenden Merkmale zu verlieren.

## 1.1  Ausgangssituation

Seit einiger Zeit schafft die zunehmende Digitalisierung neue Rahmenbedingungen für Unternehmen. Wir befinden uns mitten in einer digitalen Revolution hin zu einer vollständig vernetzten Welt, die unsere Art zu leben und zu arbeiten grundlegend

---

[1]Chinesisches Sprichwort.

© Springer Fachmedien Wiesbaden GmbH, ein Teil von Springer Nature 2019
A. Mertens, *Markenorientierte digitale Transformation*, essentials,
https://doi.org/10.1007/978-3-658-24925-0_1

verändern wird. Bereits heute sind wir von zahlreichen innovativen Produkten und Dienstleistungen umgeben, die die neuen digitalen Möglichkeiten smart nutzen: Streaming-Dienste, mobile Bezahlsysteme, Sharing-Portale, und Smart Home-Angebote, um nur einige Beispiele zu nennen. Und es geht rasant weiter. Brillen, die virtuelle Objekte holografisch mit der realen Umgebung verbinden, virtuelle Kraftwerke, die das Zusammenspiel unterschiedlicher Stromerzeuger und -verbraucher regeln und Autos, die autonomes Fahren ermöglichen, stehen kurz vor der Marktreife und verdeutlichen die enorme Bandbreite des digitalen Wandels. Künstliche Intelligenz, Maschinenlernen, Automation und Robotik sind durch die Digitalisierung zwar erst möglich geworden, für sich betrachtet haben sie aber noch eine viel größere „Sprengkraft", als die Digitalisierung selbst. Auch das „Internet der Dinge"[2] bildet für sich genommen eine enorme Triebfeder für wesentliche Veränderungen im Leben, der Arbeit und den Erwartungen der Menschen. Schon bald wird nahezu alles miteinander vernetzt sein, da jedes Produkt eine Adresse im und eine Verbindung zum Internet erhält.[3] Über Sensoren und Sender entstehen so zunehmend intelligente und vernetzte Produkte, die von einer einfachen Zahnbürste bis hin zu hochkomplexen Maschinen, wie beispielsweise einem Düsentriebwerk, reichen.[4] Durch diese smarten Produkte und die von ihnen erzeugten Daten ergeben sich völlig neue Wertschöpfungsmöglichkeiten, die Unternehmen zwingen, Antworten auf die entscheidende strategische Fragestellung der Zukunft zu finden: Wie werden künftig Wertschöpfung und Werterschließung funktionieren?[5]

Die Fähigkeit zur Transformation wird in digitalen Zeiten damit zu einer existenziellen Bedingung der Zukunftssicherung von Unternehmen.

In Deutschland wurden die Chancen der Digitalisierung zwar sowohl auf Ebene der Kostenreduktion und Effizienzsteigerung genutzt, als auch für das Vorantreiben der Entwicklung neuer, innovativer Produkte, Services und Geschäftsmodelle,[6] da viele Manager die Digitalisierung für ihr Unternehmen bereits „decodiert" haben. Und dennoch tun sich viele der Unternehmen nach wie vor schwer mit einer Transformation der gesamten Organisation, die Bewahrungstendenzen und Verteidigungsstrategien überwindet und die komplette Unternehmung von der Kultur,

---

[2]Häufig wird in dem Zusammenhang auch die englische Bezeichnung „Internet of Things" (IoT) oder „Internet of everythings" verwendet.

[3]Vgl. hierzu Becker, T. und Knop, C. (2015), S. 3.

[4]Vgl. Iansiti, M. und Lakhani, K. R. (2014), S. 91 ff.

[5]Vgl. hierzu Porter, M. E. und Heppelmann, J. E. (2014), S. 64 ff.

[6]Iansiti und Lakhani fordern Unternehmen auf „Produkte und Dienstleistungen durch die digitale Brille zu betrachten", Iansiti, M. und Lakhani, K. R. (2014), S. 97.

den Mitarbeitern und ihren Kompetenzen, über Kernprozesse und Strukturen, bis hin zu neuen Produkten und Services in den Fokus nimmt und die notwendigen Veränderungen stringent und ganzheitlich angeht. Woran liegt das?

Obwohl das Thema der digitalen Transformation branchenübergreifend beinahe jedes Unternehmen betrifft, fehlt vielerorts die zentrale Idee, warum und wie sich die gesamte Organisation in einer digitalen Welt positionieren soll und wie sie unternehmerisches Handeln – von der eigenen Identität ausgehend – auf ein digitales Niveau bringen kann. Es mangelt offenbar an einem holistischen Ansatz, der nicht nur die Frage beantwortet, welche der neuen, digitalen Möglichkeiten man nutzen und welche man lieber vernachlässigen sollte, damit digitale Innovationen nicht zum Selbstzweck werden, sondern vor allem daran, wie man die richtige Balance aus dem Fortführen einer erfolgreichen Vergangenheit und einer Weiterentwicklung in zukunftsfähige Geschäftsfelder findet.[7]

## 1.2  Problemstellung

Es fehlt also etwas, was Sinn stiftet, Richtung und Klarheit gibt und letztlich Mitarbeiter mitnimmt und Kunden erreicht.

Eine starke Marke[8] kann – wie bereits einleitend formuliert – in Transformationsprozessen helfen, für Mitarbeiter und Führungskräfte Leuchtturm der Veränderung zu sein sowie Kunden Orientierung zu geben und Begeisterung zu entfalten.[9] Um diese Rolle übernehmen zu können, müssen Marken – in einer Welt in der nahezu alles smart wird[10] – aber selbst smart werden. Das heißt sie müssen die Menschen und ihre Bedürfnisse sowie die Möglichkeiten der digitalen Technologien verstehen und aus ihrem ureigenen Kern heraus intelligente und relevante Angebote entwickeln, die einzigartig und konsistent erlebbar sind.

---

[7]Vgl. hierzu Anthony, Gilbert und Johnson, die eine zeitgleich dual laufende Transformation beschreiben und deren Hauptaufgaben im „Reposition Today" und „Create Tomorrow" sehen, Anthony, S. D. et al. (2017), S. 16.

[8]In dem Zusammenhang ist die jeweilige Unternehmensmarke (Corporte brand) gemeint, die für die Gesamtheit des Unternehmens und ihrer Wirkung als Marke steht.

[9]Vgl. im Kontext eines markenkonsistenten Mitarbeiterverhaltens: „Marken schaffen extern wie intern Kontinuität und Orientierung.", Henkel, S. et al. (2012), S. 199.

[10]Schon heute nutzen wir ganz selbstverständlich das Smart Phone, erleben mediale Ereignisse auf dem Smart TV, kommen am Abend ins Smart Home und „checken" Uhrzeit und weitere Infos auf unserer Smart Watch.

Damit stehen Marken heutzutage im Spannungsfeld zwischen den bewährten Spielregeln der Markenführung und neuem, digital-technologischem Terrain, das sich rasant weiterentwickelt. Die entscheidende Frage ist daher: Wie können Marken smart werden?

Wie bei fast allen Berufsgruppen werden auch Fachleute des Markenmanagements durch die „Werkzeuge" charakterisiert, die sie bei ihrer täglichen Arbeit verwenden. Dabei spielen die klassischen und gebräuchlichen „Arbeitsgeräte" – also grundlegende Methoden und Techniken zum Management von Marken – vom Stadium des Erlernens, bis hin zum professionellen Umsetzen eine grundlegende Rolle. Sie bilden sozusagen das Fundament, eine Basis für den Spezialisten und ermöglichen ihm, auch neue Möglichkeiten in das vorhandene und gewachsene fachspezifische Repertoire einzuordnen. Zur Beantwortung der gestellten Frage empfiehlt sich folglich eine Art „Rückbesinnung" auf die Wurzeln der Markenführung.

Bereits 1939 baute Hans Domizlaff in seinem Werk „Die Gewinnung des öffentlichen Vertrauens" das Fundament für die moderne Markenführung und formulierte den Kern der aktiven Führung einer Marke:

> Man sagt zwar, dass der Markentechniker eine Marke schafft, aber das ist nur eine sprachliche Vereinfachung. Der Markentechniker liefert gewissermaßen nur eine Materialkomposition, die besonders geeignet und verführerisch ist, um von der Masse aufgenommen und zu einer lebendigen Marke auferweckt zu werden. Eine uneingeführte Marke ist tot. Das Leben kann ihr erst die Masse einhauchen, aber das kann man nicht erzwingen, sondern nur anregen.[11]

Und auch viele Jahre später ist klar zu erkennen, dass die moderne Markenführung nichts von der ursprünglichen Idee verloren hat. So betont Kapferer, „A brand is not the name of a product. It is the vision that drives the creation of products and services under that name. That vision, the key belief of the brands and its core values is called identity."[12]

Die heutige Führung von Marken erfordert daher eine hohe Sensibilität für den Umgang mit ihrem eigentlichen Kern, ihrer Werte und gerade durch die zunehmende Digitalisierung eine ganzheitliche Synchronisierung sämtlicher Bereiche und Aktivitäten im Unternehmen. Nur Marken, die die Balance aus markentechnischer Substanz und technologiegetriebener Innovation intelligent verknüpfen, werden ihre Unternehmen erfolgreich in eine digitale Zukunft führen können.

---

[11]Domizlaff, H. (2005), S. 130 (Erste Auflage aus dem Jahr 1939).
[12]Kapferer, J.-N. (2012), S. 149.

Die Aufgabe ist demzufolge die notwendige Symbiose aus Anpassung und Beständigkeit so zu gewährleisten, dass die Verzahnung aller unternehmensrelevanten Aktivitäten – also sowohl intern als auch extern – das gesamte Wirkungspotenzial der Unternehmung erschließt. Spezifische persönliche und organisationale Kompetenzen und Fähigkeiten über den gesamten Prozess sowohl auf strategischer als auch auf operativer Ebene sind deshalb zwingend erforderlich. Die Qualität dieser Kompetenzen entscheidet zunehmend über den Markterfolg von Unternehmen.

An dieser Stelle liegt jedoch das ambivalente Problem. Denn auch wenn die notwendigen Kompetenzen der digitalen Transformation von der Praxis durchaus erkannt werden,[13] so wird oftmals noch mit einer gewissen Gelassenheit und fachlichen Distanz agiert. Vielfach legt man hochstrategische Entscheidungen in die Hände von externen Beratern und folgt ihren Empfehlungen zu gutgläubig.[14]

Auch die wissenschaftliche Diskussion ist vor allem von unterschiedlichen Schwerpunkten innerhalb der Digitalisierungsdebatte geprägt und hat meist einen technologischen Aufhänger.[15] Zudem lassen die derzeitigen Forschungen keinen umfassenden Ansatz erkennen, der das Thema der digitalen Transformation holistisch und aus der Marke heraus beleuchtet.[16]

## 1.3   Zielsetzung

Vor diesem Hintergrund ist das Ziel des Buches, folgende zentrale Fragestellungen zu beantworten:

1. Was sind die entscheidenden Dimensionen einer markenorientierten digitalen Transformation?
2. Wie lässt sich die markenorientierte digitale Transformation in einem Modell zusammenfassen?

---

[13]Vgl. hierzu Anthony, S. D. et al. (2017), S. 71 ff.

[14]Rorsted betont in diesem Zusammenhang die Notwendigkeit einer internen Auseinandersetzung mit den Aufgaben der Digitalisierung, Rorsted, K. (2015), S. 103 ff.

[15]Vgl. hierzu Rigby, D. und Bilodeau, B. (2015); Sensler, C. und Grimm, T. (2016), S. 45 ff.; Mühleck, K. H., und Baumöl, U. (2016), S. 151 f.; Schweer, D. und Sahl, J. C. (2016), S. 29 ff.; Back, A. (2016), S.123 ff.

[16]Lembke und Honal beleuchten beispielsweise die digitale Transformation als den Treiber der digitalen Markenführung, Lembke, G., und Honal, A. (2015), S. 62 ff.

Dazu werden zunächst in Kap. 2 konzeptionelle Grundlagen in den Bereichen der Markenführung und der Digitalisierung dargelegt. Darauf aufbauend wird in Kap. 3 ein markenorientierter Ansatz zur digitalen Transformation vorgestellt. Schlussendlich fasst Kap. 4 die gewonnenen Erkenntnisse zusammen und schließt mit einem Ausblick auf weitere Entwicklungen ab.

# Konzeptionelle Grundlagen 2

Aufgrund der aktuellen wissenschaftlichen Diskussion lässt sich der gegenwärtige Forschungsstand nur isoliert betrachten. Die konkrete Frage, welche Grundlagen ein wissenschaftlich fundiertes und praxisrelevantes Modell zur markenorientierten digitalen Transformation berücksichtigen sollte, beginnt daher mit dem aktuellen Forschungsstand der Markenführung.

## 2.1 Markenführung

Marken sind unbestritten ein – wenn nicht gar – das Gestaltungsmittel zur Differenzierung eines Leistungsangebotes.[1] Ausgehend von dem verhaltenswissenschaftlichen Grundverständnis, dass eine hohe Kaufverhaltensrelevanz auf eine starke Identität der Marke zurückzuführen ist, wird seit Mitte der 80er-Jahre ein Ansatz zur Orientierung in der Markenführung entwickelt. Aaker und Kapferer, die mit ihren Forschungsarbeiten diesen Ansatz begründeten, verdeutlichen, dass die Markenidentität Ausdruck der charakteristischen Merkmale einer Marke ist.[2] Das Identitätsprisma von Kapferer lieferte eine erste systematische Modellierung der Markenidentität. Die Konzeptualisierung des sechsseitigen Identitätsprismas erfolgt über die Dimensionen „Beschaffenheit", „Persönlichkeit/Charakter", „Kultur", „Vision", „spontane Zuordnung", und „Bezug zum Verbraucher".[3] Auch der

---

[1]Vgl. Esch, F.-R. (2011), S. 10.

[2]Zur Übersicht der Ansätze zur Erfassung und Beschreibung der Markenidentität, siehe Radtke, B. (2014), S. 15 ff.

[3]Kapferer, J.-N. (1992), S. 50 ff.

© Springer Fachmedien Wiesbaden GmbH, ein Teil von Springer Nature 2019
A. Mertens, *Markenorientierte digitale Transformation*, essentials,
https://doi.org/10.1007/978-3-658-24925-0_2

**Abb. 2.1** Die Grundidee der identitätsorientierten Markenführung. (Quelle: Eigene Darstellung in Anlehnung an Burmann, C. et al. (2003), S. 25)

Identitätsansatz von Aaker beruht nahezu auf den gleichen Identitätselementen, legt allerdings einen stärkeren Fokus auf die strategische und operative Gestaltung der Markenidentität. Er konzeptualisiert die Markenidentität anhand der Perspektiven „Marke als Produkt", „Marke als Unternehmen", „Marke als Person", und „Marke als Symbol".[4]

Ebenso stimmt der Ansatz von Burmann, Halaszovich, Schade und Piehler in großen Teilen mit dem Identitätsansatz von Aaker überein, unterscheidet aber bei der Entwicklung der Markenidentität in sechs Dimensionen: „Vision", „Persönlichkeit", „Werte", „Kompetenzen", „Herkunft" und „Leistungen".[5] Insgesamt lässt sich festhalten, dass sich der Ansatz des identitätsbasierten Markenmanagements als wirkungsvolles und etabliertes Führungsmodell der Markenführung erwiesen hat. Abb. 2.1 verdeutlicht die Grundidee der identitätsorientierten Markenführung. Ausgehend von den sechs Dimensionen sichert vor allem die Markenführungskompetenz die nachhaltige Leistungsfähigkeit der Marke ab und ist daher maßgeblich für das Markennutzenversprechen und das Markenverhalten verantwortlich.[6] So kann Vertrauen in die Marke entstehen, was wiederum zu dauerhaften Marke-Kunden-Beziehungen führt. Ob dann neben den verhaltenswissenschaftlichen Zielgrößen – wie beispielsweise das Markenimage – auch ökonomische Ziele erreicht werden und welche Kausalbeziehungen es dabei zu beachten gilt,[7] ist zwar

---

[4]Aaker, D. A. (2010), S. 78 ff.

[5]Siehe Burmann, C. et al. (2018), S. 31 f.

[6]Siehe Burmann, C. et al. (2018), S. 38 ff.

[7]Vgl. hierzu die Ausführungen von Esch, der den Markenwert als zentrale Zielgröße der Markenführung identifiziert und daraus ein Zielsystem entwickelt, Esch, F.-R. (2011), S. 73 ff.

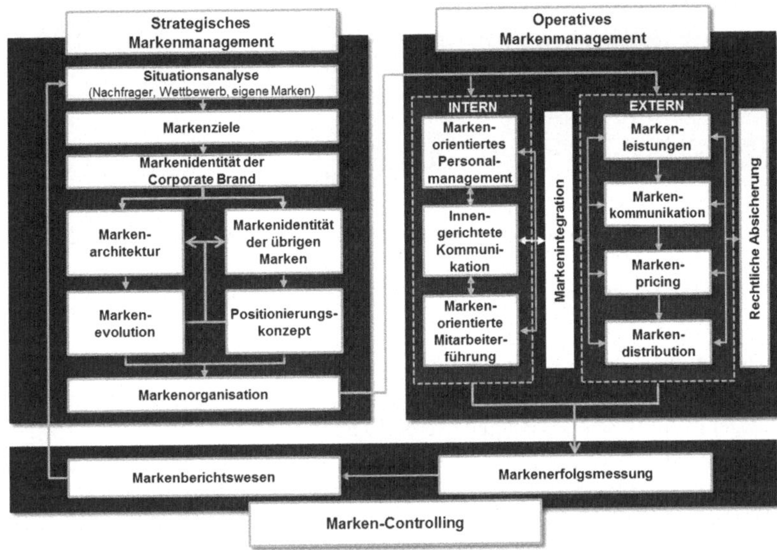


**Abb. 2.2** Der Prozess der identitätsorientierten Markenführung. (Quelle: Eigene Darstellung in Anlehnung an Burmann, C. et al. (2003), S. 10)

unternehmensseitig durchaus von Bedeutung, übersteigt allerdings den Rahmen dieses Werkes.

Folgt man dem identitätsbasierten Markenmanagement, so wird ein Planungs- und Managementprozess erforderlich, der die notwendigen Aktivitäten in der zeitlichen Abfolge systematisiert und vorgibt.[8] Einen Überblick über die einzelnen Komponenten und ihre Wechselwirkung gibt Abb. 2.2.

Die Situationsanalyse bildet den Startpunkt strategischer Überlegungen zum Markenmanagement. Über die Definition der Markenziele und der Markenidentität wird ein Grundgerüst zur Markenorganisation entwickelt, das dann aufseiten des operativen Markenmanagements durch eine interne und externe Ebene konkretisiert wird. Die Markenerfolgsmessung bildet das Zentrum des Marken-Controllings, die wiederum über ein Berichtswesen zur strategischen Ebene führt. So werden Planung, Koordination und Kontrolle aller zum Aufbau einer starken Marke notwendigen Maßnahmen zum Kreislauf des Markenmanagements.

---

[8]Siehe Burmann, C. et al. (2003), S. 10.

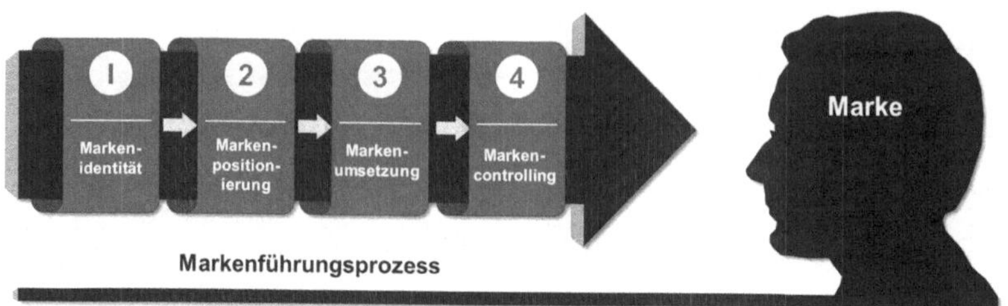


**Abb. 2.3** Der vereinfachte Markenführungsprozess. (Quelle: Eigene Darstellung)

Unbestritten ist, dass der Beitrag der Markenführung ein wichtiges Element des Unternehmenserfolges ist.[9] Doch wie lässt sich ein derart komplexer Managementprozess praxistauglich vereinfachen?

Damit ein Produkt oder ein Unternehmen zur Marke wird, bedarf es eines pragmatischen Prozesses, der die Stärken und die Besonderheiten des jeweiligen Angebotes identifiziert und über ein attraktives Markenversprechen zielgruppengerecht und mit der Ausrichtung einer positiven Imagegenerierung vermittelt. Um eine Marke also langfristig in den Köpfen der Konsumenten zu positionieren,[10] sind demzufolge im Wesentlichen vier Schritte, wie Abb. 2.3 verdeutlicht, notwendig:

1. Die Marke braucht eine klare Identität, sprich Werte, die ihr Wesen zum Ausdruck bringen.[11] Steht die Marke beispielsweise für Serviceorientierung, Kreativität und Leidenschaft, dann wird der Markenaufbau schwer, denn dafür steht heutzutage nahezu jedes Unternehmen.
2. Langfristig erfolgreiche Unternehmen finden mit ihrer Marke eine eigenständige und für den Kunden relevante Positionierung.[12] Es ist daher förderlich, den zentralen Kategorienutzen zu finden und wenn möglich zu besetzen.

---

[9]Vgl. hierzu Keller, K. L. (2013), S. 30: „Ever more firms and other organizations have come to the realization that one of their most valuable assets is the brand names associated with their products or services." sowie Kapferer, J.-N. (2012), S. 2: „The goal of strategy is to build a sustainable advantage over competition, and brands are one of the very few ways of achieving this."

[10]Vgl. Esch, F.-R. (2011), S. 93 ff.

[11]Siehe Baumgarth, C. (2014), S. 62 ff. mit weiteren Verweisen auf Burmann, C. und Meffert, H.

[12]Vgl. zur Positionierung von Marken Tomczak, T. und Brexendorf, T. O. (2005), S. 25 ff.

Das Identifizieren der wirklichen Motive – der „Customer Insights" – für die Markenwahl stellt damit die Basis für sämtliche nachgelagerten Marketingmaßnahmen dar.

3. Um beim Kunden ein klares Bild der Marke zu erzeugen, ist es notwendig, die systematisch entwickelte Markenidentität und die eingenommene Positionierung durch passgenaue Maßnahmen und handlungsleitende Grundsätze über alle entscheidenden Dimensionen einer Marke zum Leben zu erwecken.

4. Letztendlich ist ein wirksames Markencontrolling zweckmäßig, um den Erfolgsbeitrag der Marken für das Unternehmen nachvollziehbar zu machen und Maßnahmen und Aktivitäten auf ihre Effizienz und Effektivität zu beurteilen.

## 2.2  Digitale Transformation

Die digitale Transformation bleibt ein Schlagwort unserer Zeit.[13] Und das zu Recht: Wir befinden uns mitten im eigenen Transformationsprozess der Digitalisierung. An den alltäglich gewordenen Gebrauch des Internets in nahezu allen Lebensbereichen haben wir uns längst gewöhnt. Datenaustausch in Sekunden, Online-Shopping und -Banking gehören längst zum Alltag. Soziale Plattformen verbinden uns mit Freunden, Familie und Geschäftspartnern.[14] Smartphones helfen uns jederzeit und überall bei der Internetsuche, beim Organisieren von Terminen und lassen uns auf Knopfdruck bei Musik, Spielen oder beim Fotografieren entspannen.

Die moderne Welt ermöglicht einen permanenten kommunikativen Austausch zwischen Menschen – das ist zumindest das vorläufige Ergebnis der Digitalisierung.[15]

„Das Internet hat in den vergangenen 20 Jahren bereits tief greifende Veränderungen ausgelöst, aber das ist nichts im Vergleich zu dem, was sich in den nächsten 20 Jahren tun wird,"[16] so formuliert Cole die kommenden digitalen Entwicklungen.

---

[13]Vgl. hierzu Krcmar, H. (2018), S. 5.

[14]Vgl. hierzu Bruce, A. (2012), S. 12, die vor allem im Social Web eine kollaborative Kommunikation beobachtet und Hoffmann, D. und Pusch, A. (2011), S. 342 ff. die in der neuen Dialog-Kommunikation zunehmend den „Prosumenten" entdecken, also Personen, die gleichzeitig Konsument und Produzent sind.

[15]Vgl. Renner, K.-H. und Renner, T. (2011), S. 17.

[16]Cole, T. (2015), S. 15.

Die Digitalisierung setzt also ihre Wirkung fort und entfaltet nun die „volle Dosis". Dabei ist der Begriff der Digitalisierung genau genommen zu eng gefasst, für das was heute und in Zukunft passieren wird: Künstliche Intelligence, Augmented Reality, Internet of Things, Blockchain, 3D-Printing, Big-Data und Robotik sind zwar erst durch die Digitalisierung möglich geworden, werden aber zukünftig die größere Sprengkraft entfalten als die Digitalisierung selbst.

Greifen wir zwei Beispiele heraus: Das „Internet der Dinge" beschreibt die Entwicklung, dass der Computer – als das zentrale Medium, das die Verbindung zur digitalen Welt ermöglicht – zunehmend verschwindet und durch „intelligente Gegenstände" ersetzt wird. Produkte und Geräte werden in absehbarer Zeit mit Hilfe von Sendern und Sensoren eine nahezu vollständige Vernetzung unserer Lebenswelt ermöglichen.

Nach Angaben von Gartner gibt es heute mehr als 6 Mrd. Geräte, die sich mit dem Internet verbinden können. Im Schwerpunkt sind dies Computer, Laptops und Handys – aber eben auch smarte Geräte. Bereits in 5 Jahren sollen es mehr als dreimal so viele sein.[17] Dabei steigt die Zahl der vernetzten Geräte exponentiell. Die Palette reicht schon heute von smarten Heizkörper-Thermostaten über Sicherheitskameras bis hin zu intelligenten Messgeräten für Körperdaten, Spielzeugen oder Fernsehern.

Das „Internet der Dinge" wird das Konsumentenverhalten und die Art und Weise wie wir leben und arbeiten komplett revolutionieren. Das bedeutet im Umkehrschluss: Nur Unternehmen, die es schaffen, ihre Angebote, die Geschäfts- und Serviceprozesse sowie die gesamte Kundenansprache diesen neuen Gegebenheiten anzupassen, werden auch in Zukunft erfolgreich sein. Der bevorstehende Wandel vom „Internet of People" zum „Internet of Things" wird dazu führen, dass in der klassischen Produktion durch die Vernetzung zwischen Maschinen, Produktionsanlagen, Zulieferern und Kunden mehr Flexibilität und Effizienz und im Dienstleistungsbereich neue digitale Services rund um das Kernangebot entstehen werden.

Über die Integration von Sensorik, Konnektivität und hoher Rechenleistung auf kleinstem Raum steht das „Internet" nun vor dem „Tipping-Point"[18] der eigenen digitalen Revolution. Es ist also davon auszugehen, dass das lineare Wachstum der neuen digitalen Möglichkeiten aufhört und in ein exponentielles Wachstum übergeht und so zu einem Massenphänomen wird.

---

[17]Nathan E. (2016).

[18]Gladwell beschreibt den Tipping-Point als „…, jenen magischen Moment, wo eine Idee, ein Trend oder ein soziales Verhaltensmuster eine Schwelle überschreitet, umschlägt und sich wie ein Flächenbrand ausbreitet." Gladwell, M. (2002), S. 322.

Zweites Beispiel: Über die letzten Jahrzehnte wurde Software vornehmlich nach der „Wenn-Dann-Sonst-Logik" geschrieben. Funktionierte die Software fehlerfrei, blieb sie bis zu ihrem Update oder ihrer Ablösung statisch und ließ nicht programmierte Individualisierung in bestimmten Situationen oder Interpretationen in einem gewissen Kontext nicht zu.

Durch den Einsatz von Künstlicher Intelligenz (KI) ändert sich das gerade. Bei diesem Paradigma können Programme und Maschinen Muster erkennen und interpretieren. So waren beispielsweise bereits Programme in der Lage, Katzen in YouTube-Videos zu erkennen und zwar ohne menschliches Einwirken. Ausreichend war, dass die KI tausende von Videos, die das Wort „Katze" im Titel enthielten, auf wiederkehrende Muster scannte. Die Treffsicherheit, mit der die Katzen gefunden wurden, war enorm.

„Banales Beispiel" wird man vielleicht denken, aber dieses Experiment ist eben leicht auf andere, „ernsthaftere" Anwendungen übertragbar. Autos, die täglich mehrere Millionen von Kilometern analysieren, um langfristig selbst fahren zu können. Maschinen, die Fachliteratur, Studien und Krankheitsakten auswerten und somit über mehr Wissen verfügen als viele Ärzte. Oder Programme, die sämtliche Streitfälle, Urteile und Verträge eines bestimmten Rechtsgebietes untersuchen, um binnen Millisekunden „wasserdichte" Verträge entwerfen zu können, für die ein Anwalt umfassende Erfahrung und viel Zeit bräuchte. Zusammengefasst bedeutet das, früher war Lernen eine Domäne des Menschen – in Zukunft wird er Konkurrenz bekommen.

Die skizzierten Entwicklungen zwingen Unternehmen, den Prozess der digitalen Transformation somit schnellstmöglich anzugehen, wenn sie nicht von alten und neuen Wettbewerbern überholt werden wollen. Bislang gibt es keine verbindlichen Rezepte für die digitale Transformation und erst Recht keine für die Rolle von Marken in diesem Prozess. Der folgende Ansatz versucht einen fundierten, praxisrelevanten Orientierungsrahmen zu schaffen, der die wichtigsten Parameter in diesem Prozess zusammenführt.

# Entwicklung eines markenorientierten Ansatzes zur digitalen Transformation

3

Die digitale Transformation beschäftigt branchenübergreifend derzeit beinahe jedes Unternehmen, von der Automobilindustrie über Versicherungen und Banken bis hin zu Medienunternehmen und Gesundheitsdienstleistern. Ein Modell zur digitalen Transformation muss daher drei wesentlichen Anforderungen gerecht werden:

1. Es muss universell – das heißt für jedes Business und jede Branche – einsetzbar sein.
2. Es muss in der Lage sein, „Suchfelder" der digitalen Transformation zu identifizieren, die entsprechenden Dimensionen zu bewerten und eine Bestandsaufnahme der bisherigen Maßnahmen zu gewährleisten sowie Handlungsfelder und konkrete Optimierungspotenziale aufzeigen können.
3. Ferner muss ein Modell zur digitalen Transformation mit einer klaren Vision und Zielsetzung aufgesetzt werden, die den Mehrwert der Digitalisierung für das jeweilige Unternehmen verdeutlicht.

Eine Marke kann wie eingangs bereits erläutert bei Transformationsprozessen eine entscheidende Rolle übernehmen. Sie ist in der Lage, intern als Leuchtturm zu fungieren, indem sie aus ihrem Kern und den korrespondierenden Werten in Verbindung mit einem digitalen Zielbild der Unternehmung eine klare gemeinsame Zielrichtung geben kann. Zudem kann sie aufzeigen, wie die Digitalisierung zur Differenzierung im Markt beitragen kann. Ansatzpunkt für die Modellentwicklung könnte daher der bereits vorgestellte Markenführungsprozess sein, wie Abb. 3.1 verdeutlicht.[1] Doch stimmt die Zielsetzung und Richtung des Prozesses – in Form der Generierung eines starken Markenimages – überhaupt?

---

[1] Siehe Abb. 2.2 auf S. 9, im Abschn. 2.1 Markenführung.

© Springer Fachmedien Wiesbaden GmbH, ein Teil von Springer Nature 2019

A. Mertens, *Markenorientierte digitale Transformation*, essentials,

https://doi.org/10.1007/978-3-658-24925-0_3

**Abb. 3.1** Der Markenführungsprozess als Ansatzpunkt für die Modellentwicklung. (Quelle: Eigene Darstellung)

Burmann und Meffert definieren das Ziel der identitätsorientierten Markenführung als „eine funktions- und unternehmensübergreifende Integration aller mit der Markenführung zusammenhängenden Entscheidungen und Aktivitäten zum Aufbau von langfristig stabilen und werthaltigen Marke-Kunden-Beziehungen."[2] Das Ziel der hier beschriebenen Herausforderung ist aber die digitale Transformation eines Unternehmens. Die entscheidende Frage lautet demzufolge:

Was sind wesentliche unternehmens- und funktionsübergreifende Entscheidungen und Aktivitäten zur digitalen Transformation?

Um eine solide Grundlage für das Thema zu schaffen, wurden über einen Zeitraum von 3 Monaten Experteninterviews mit Top-Level Executives namhafter Unternehmen aus den unterschiedlichen Branchen geführt. Es handelte sich dabei um semistrukturierte Interviews mit einer Dauer von 90 bis 150 min. Dabei stellten sich drei Faktoren als besonders relevant heraus: 1) Die Entscheidungen über die zielführende Ausgestaltung der entscheidenden Maßnahmen zur Transformation werden zunehmend aus einem Mix aus kausaler Planung und flexibler Nutzung von nicht vorhersehbaren Chancen gelebt. Aus den Experteninterviews ging darüber hinaus hervor, dass 2) die Kompetenz agil, schnell und synchronisiert über sämtliche Bereiche und Funktionen des Unternehmens auf neue Herausforderungen zu reagieren, eine neue notwendige Entwicklung ist. Überdies sahen viele der Executives, dass 3) vor allem die technologischen Innovationen und die Partnerfähigkeit Kerndimensionen der Digitalisierung sind.

---

[2]Burmann, C. und Meffert, H. (2005), S. 75.

Auf Basis des aktuellen Entwicklungsstandes der Markenführung, den Grundlagen der digitalen Transformation und der durch die Experteninterviews gewonnenen Erkenntnisse wird im Folgenden ein Prozess zur markenorientierten digitalen Transformation vorgestellt.

## 3.1   Smarte Transformation

Organisationen und deren Unternehmensmarke müssen aufgrund der bereits beschriebenen digitalen Herausforderungen und Chancen smart werden. Konkret heißt das, dass alle funktions- und unternehmensübergreifenden Entscheidungen und Aktivitäten zur digitalen Transformation zu erkennen, zu reflektieren und in sinnvolle Prozessschritte zu unterteilen sind.

Für die Definition der entscheidenden Suchfelder für die digitale Ausgestaltung der wesentlichen funktions- und unternehmensübergreifenden Entscheidungen und Aktivitäten sind zwei Tendenzen erkennbar, die den Rahmen für das Analyse- und Gestaltungsmodell spannen. Abb. 3.2 verdeutlicht die erste Beobachtung digitaler Transformationen. Die Aufmerksamkeit der Maßnahmen und Projekte zur Digitalisierung liegt oftmals entweder auf einer externen, also zum Kunden (Route 1) oder internen, sprich in die eigene Unternehmung (Route 2), orientierten Fokussierung. Dabei besteht das größte Potenzial der Digitalisierung in einem ganzheitlich digitalisierten Geschäft mit neuen Kanälen zum Kunden, optimierten internen

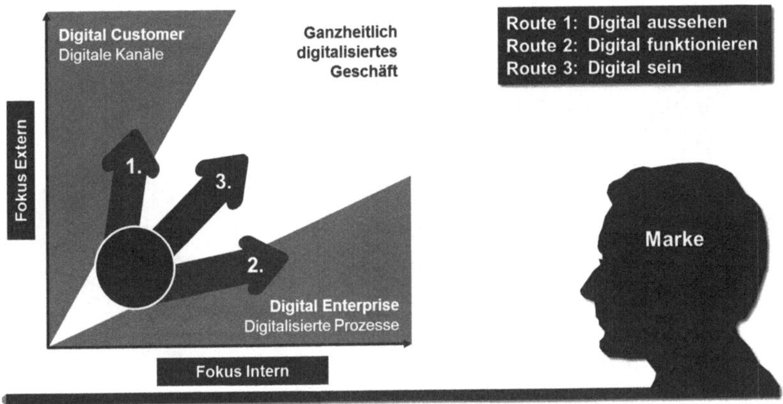


**Abb. 3.2**  Externer und interner Fokus. (Quelle: Eigene Darstellung)

Prozessen und neuen Services (Route 3), getreu dem Motto: Nicht nur digital aussehen oder funktionieren, sondern digital sein.

Die zweite Beobachtung ist durch die jeweilige Perspektive geprägt, die – wie Abb. 3.3 veranschaulicht – strategisch oder operativ gewählt werden kann. Auch hier ist eine smarte Kombination beider Perspektiven zur digitalen Exzellenz sicherlich zu empfehlen.

Damit geben die beiden Beobachtungen das Koordinatensystem der entscheidenden Dimensionen vor, die so ein Achsenkreuz von intern und extern sowie operativ und strategisch bilden.

Das um die relevanten Dimensionen angereicherte Aktionsfeld wird so zur Matrix und erfüllt dabei 4 Funktionen:

1. Sie ermöglicht die Analyse der aktuellen (digitalen) Fähigkeiten und Kompetenzen und wird so zum Rahmenwerk der digitalen Standortbestimmung des Unternehmens. Zudem werden derzeitige digitale Maßnahmen sichtbar, die vorher in den Fachabteilungen isoliert verfolgt wurden.
2. Sie fördert ein gemeinsames Verständnis zum Thema „Digital" und sensibilisiert für die ganzheitliche Synchronisierung der Aktivitäten und Prozesse.
3. Sie fungiert als „strategischer Lagetisch" des Managements, bietet Raum für die Integration kreativer Methoden und fördert Innovation und Akzeptanz.
4. Sie bildet die Grundlage für die Entwicklung einer digitalen Roadmap.

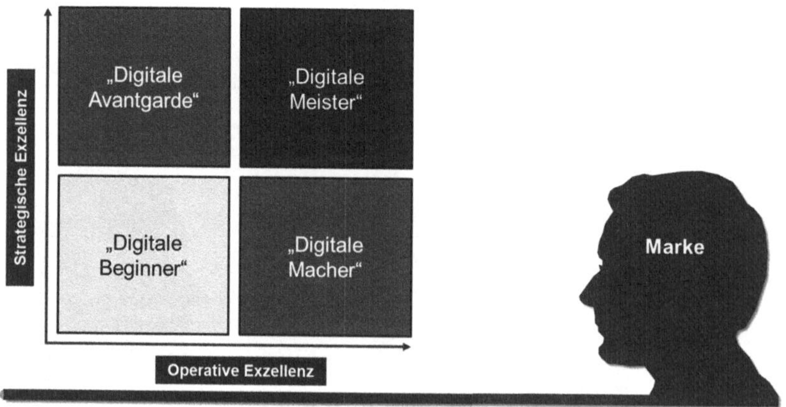


**Abb. 3.3** Strategische und operative Orientierung. (Quelle: Eigene Darstellung)

Abb. 3.4 veranschaulicht die 8 entscheidenden Dimensionen der digitalen Transformation und deren Verortung in einer Matrix.

Zielsetzung des Ansatzes ist allerdings der stringente und integrative Umgang mit sämtlichen Dimensionen der Transformation. Damit bietet sich eine Darstellung an, in der die Handlungsräume der einzelnen Modellkomponenten eher fließend ineinander übergehen, sodass die netzwerkartig zusammenhängenden Transformationsaufgaben nicht „silomäßig" abgearbeitet werden. Abb. 3.5 verfeinert daher den Ansatz in Form eines Spinnennetzdiagrammes. Das ermöglicht zudem die Visualisierung des Reifegrades sowie zur Zielbestimmung, die des Ambitionslevels in der jeweiligen Dimension.

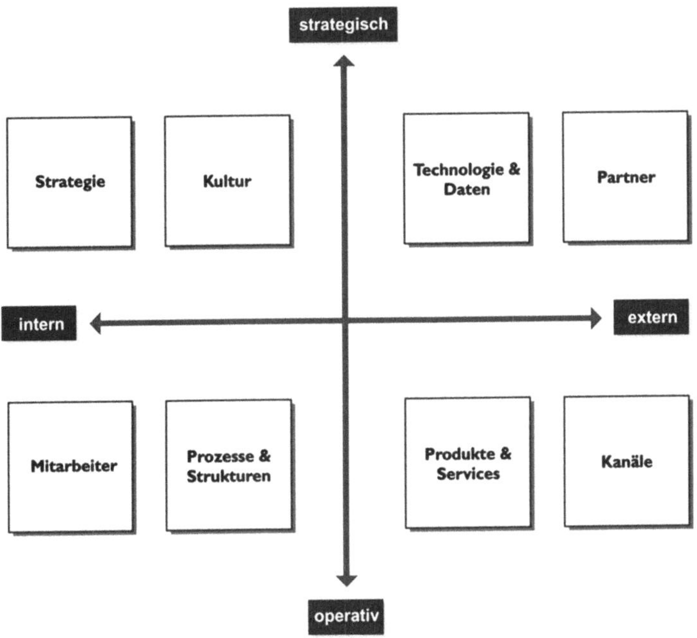


**Abb. 3.4**  Matrix zur smarten Transformation. (Quelle: Eigene Darstellung)

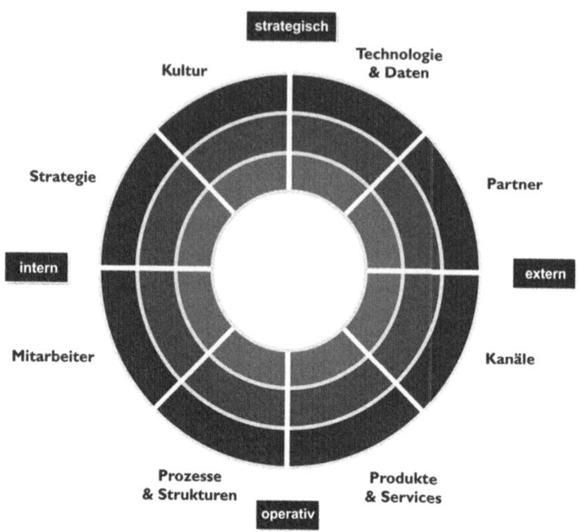


**Abb. 3.5** Die Matrix als Spinnennetzdiagramm. (Quelle: Eigene Darstellung)

## 3.2 Marken-Transformations-Kreisel

Bisher wurden viele Aspekte eines markenorientierten digitalen Transformationsprozesses verdeutlicht. Was nunmehr fehlt ist ein anschauliches Metapher, eine memorierbare Analogie, die alle Elemente des Modells zur Transformation – also auch das der Marke – in ein einfaches und einprägsames Bild übersetzt.

Die digitale Transformation einer Unternehmung ist ein langfristiges Vorhaben, das keinen definierten Endzustand kennt. Niemand kann heute vorhersagen, wie die digitale Welt von übermorgen aussieht und funktioniert. Viel zu dynamisch entwickeln sich hochkomplexe Technologien, neue Methoden und digitale Möglichkeiten und deren rasante Adaption aufseiten der Kunden.[3]

Es ist folglich notwendig, über die Integration der Markenidentität und ihrer Werte einen Weg zu formulieren, der in der Lage ist, durch neue differenzierende Angebote noch mehr Relevanz in den Lebensbereichen der Kunden zu entfalten.

---

[3]Vgl. hierzu Hillebrand, R. und Finger, L. (2015), S. 90 ff.

Dabei bilden gemeinsame Werte, Einstellungen und Gewohnheiten der Belegschaft[4] die Basis für die notwendige organisationale Reifung und lassen so kleine Schritte zu, die notwendig sind, um die digitale Transformation überhaupt zu ermöglichen.[5]

Neben der Markenidentität – also der Beantwortung der Frage: Wofür steht die Marke?[6] – ist auch auf die Markenpositionierung – sprich die Klärung der Fragestellung: Was leistet die Marke und für wen und vor allem „gegen" wen?[7] – zurückzugreifen und falls noch nicht vorhanden zu entwickeln. Identität und Positionierung der Marke setzen den Ausgangspunkt der markenorientierten digitalen Transformation. Als Essenz der Unternehmensmarke schaffen sie ein konsistentes Leitbild für sämtliche Anspruchsgruppen und geben so die nötige Orientierung, schaffen Sinn und bilden Vertrauen bei dem Prozess der Ausgestaltung der wesentlichen funktionsübergreifenden Entscheidungen und Aktivitäten der digitalen Transformation.[8]

Das Modell zur markenorientierten Transformation integriert alle wesentlichen Komponenten eines Transformationsprozesses im Bild eines Kreisels. Dabei wirkt die Marke als schwunggebendes Element, die mit jeder „Umdrehung" die Transformation neu anstößt, somit kleine Schritte im Change-Prozess ermöglicht und zu neuen Zielen anspornt. Ohne das Momentum der Marke, die den „Spin" für die Transformation gibt, verlieren die angestoßenen Maßnahmen und Initiativen in den entsprechenden Dimensionen an Orientierung. Die Kunden, um die sich alles dreht, geraten aus dem Fokus und die Dynamik des gesamten Prozesses verschwindet. Abb. 3.6 verdeutlicht die Zentrifugalkraft der Marke im Transformationsprozess.

Der Marken-Transformations-Kreisel ist kein Ansatz, der über das Definieren von kurzfristigen Zielen den Aufgaben Halt zu geben versucht. Er ist auch kein

---

[4]Zu dem Konzept des Behavioral-Branding mit der Zielsetzung von markenkonsistentem Mitarbeiterverhalten, siehe Henkel, S. et al. (2012), S. 199 ff.

[5]Rorsted formuliert in diesem Zusammenhang als Vorstandsvorsitzender eines börsennotierten Markenherstellers der Konsumgüterindustrie: „Wir sind davon überzeugt, dass der digitale Wandel nur von allen Mitarbeitern getragen und vorangetrieben werden kann. Die digitale Transformation ist ein fortlaufender Prozess und wir haben schon viel erreicht, haben aber noch viele Schritte vor uns", Rorsted, K. (2015), S. 103.

[6]Bernd und Henkel stellen viele weitere Fragen zur Bestimmung der Markenidentität vor, Berndt, J. C. und Henkel, S. (2014), S. 64.

[7]Vgl. hierzu Berndt, J. C. und Henkel, S. (2014), S. 75–83.

[8]Vgl. hierzu. Abbate, S. (2014), S. 79 ff.

**Abb. 3.6** Die Marke im Zentrum des Marken-Transformations-Kreisels. (Quelle: Eigene Darstellung)

Ansatz, der Anleitungen zum Führen von Marken in Zeiten des digitalen Wandels geben möchte. Nein, er ist vielmehr ein Ansatz, der Zugang zum Thema der digitalen Transformation gibt und über die Einflechtung der Marke in diesen Transformationsprozess Orientierung, Zuversicht und Akzeptanz ermöglicht.

Abb. 3.7 visualisiert mit der Marke, dem Unternehmen und den Kunden, die drei entscheidenden Ebenen und die Wirkungsdynamik eines markenorientierten Transformationsprozesses.

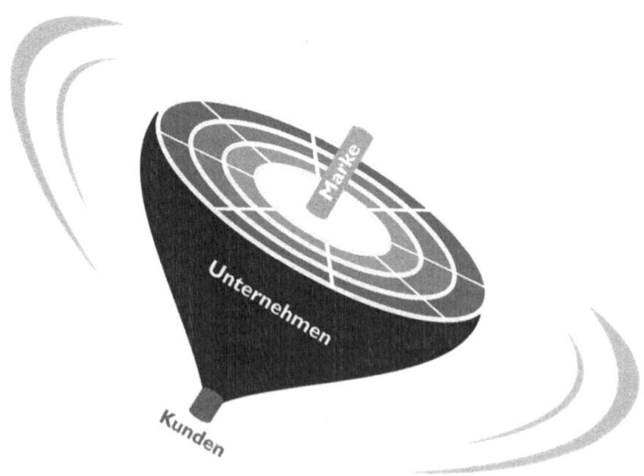


**Abb. 3.7** Die drei entscheidenden Ebenen im Marken-Transformations-Kreisel. (Quelle: Eigene Darstellung)

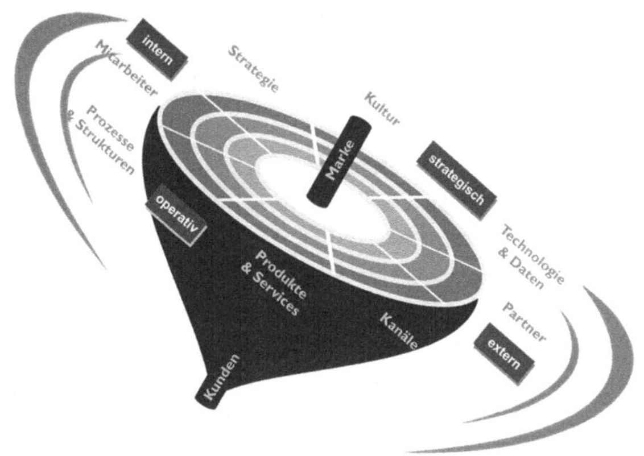


**Abb. 3.8** Der Marken-Transformations-Kreisel. (Quelle: Eigene Darstellung)

Abb. 3.8 zeigt nun die 10 entscheidenden Dimensionen einer markenorientierten digitalen Transformation im Detail.

## 3.3 Dimensionen des Marken-Transformations-Kreisels

Im Nachgang erfolgt nun die thematische Abgrenzung der einzelnen Modellkomponenten in Form einer Erläuterung der wesentlichen Inhalte. Relevante und beispielhafte Fragestellungen verstärken die inhaltliche Breite der entsprechenden Modellkomponente. Sie dienen dazu die jeweilige Dimension zu erfassen, da die konkrete Ausgestaltung der digitalen Transformation in Form von Entscheidungen, Aktivitäten und Maßnahmen in den entsprechenden Dimensionen stattfindet.

Es gibt zahlreiche Darstellungen von „Best-Practice-Beispielen" die aus der Praxis heraus verdeutlichen, was es, im Kontext einer digitalen Transformation, schon alles gibt und was davon – zumindest für das jeweilige Unternehmen – auch funktioniert.[9] Dieses Werk bietet nicht den Raum, um detailliert auf die entsprechenden „Cases" einzugehen. Spannend ist allerdings, dass die Erfolgsfaktoren stets aus dem

---

[9]Als Beispiele für derartige Werke sind hier Gassmann, O. und Sutter, P. (2016), insbesonders S.171–245, Oswald, G. und Krcmar, H. (Hrsg.) (2018) sowie Gärtner, C. und Heinrich, C. (Hrsg.) (2018) und Schallmo, D. et al. (2016) zu nennen.

Zusammenspiel verschiedener Aktivitäten in den unterschiedlichen Dimensionen bestehen. Ob es beispielsweise das Identifizieren und Entwickeln eines kundenorientierten Services (Dimension „Produkte & Services"), mit dem Abgleich der Markenidee (Dimension „Marke") und dem Aufbau der erforderlichen Partnerfähigkeit für die Integration einer Softwarelösung eines IT-Unternehmens ist (Dimension „Partner"). Oder die Nutzung eines neuen Kommunikationskanals (Dimension „Kanäle"), mit dem notwendigen Aufbau von entsprechenden Fähigkeiten und Kompetenzen im Marketingteam (Dimension „Mitarbeiter") und dem Aufsetzen eines entsprechenden Prozesses (Dimension „Prozesse & Strukturen"). Bei allen skizzierten Beispielen ist zu erkennen, dass Transformations-Momentum durch das Zusammenspiel und der Dynamik der einzelnen dimensionsübergreifenden Maßnahmen entsteht.

### 3.3.1   Marke

Eine starke Marke (Abb. 3.9). kann in Transformationsprozessen helfen, für Mitarbeiter und Führungskräfte Leuchtturm der Veränderung zu sein sowie Kunden Orientierung zu geben und Begeisterung zu entfalten. Sie muss die Menschen und ihre Bedürfnisse sowie die Möglichkeiten der digitalen Technologien verstehen und aus ihrem ureigenen Kern heraus intelligente und relevante Angebote entwickeln, die einzigartig und konsistent erlebbar sind.

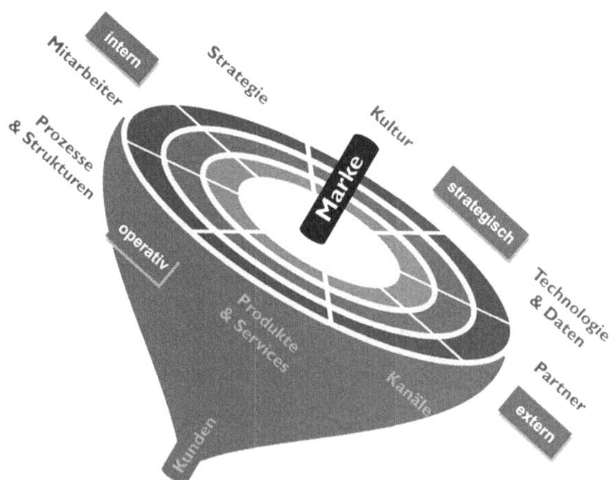


**Abb. 3.9** Die Dimension „Marke". (Quelle: Eigene Darstellung)

Beispielhafte Fragestellungen:

- Wofür steht die Marke?
- Wie gelingt es, die Markenidee durch das gesamte Unternehmen zu tragen?
- Wo im Unternehmen ist das Thema Marke aufgehängt?
- Inwiefern fördert die Markenstrategie die Entwicklung neuer Geschäftsfelder?

## 3.3.2 Kunden

Kunden und potenzielle Kunden (Abb. 3.10) mit ihren Bedürfnissen und Wünschen stehen im Mittelpunkt dieser Dimension und bilden die Basis der gesamten Transformation. Um Kundenzentrierung im Unternehmen zu etablieren ist neben der Verankerung in der Unternehmensstrategie, insbesondere die Umsetzung durch die Mitarbeiter entscheidend.

Beispielhafte Fragestellungen:

- Ist die digitale Roadmap an den Kundenbedürfnissen ausgerichtet?
- Gibt es eine Customer Experience Strategie, um Kundenerlebnis und Kundenzufriedenheit zu steigern?
- Wird Kundenfeedback und -begeisterung als Motivationsfaktor genutzt?

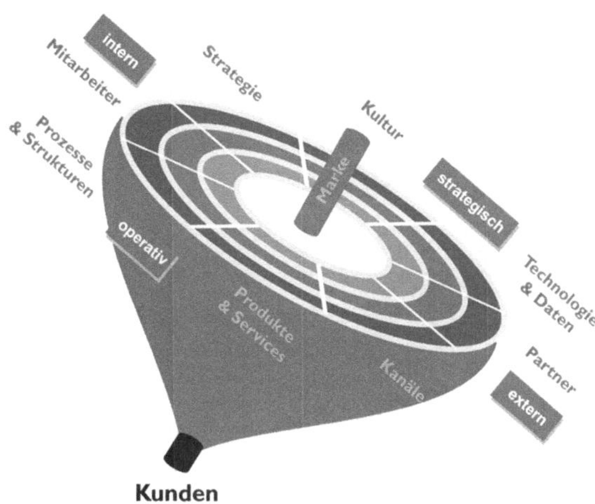


**Abb. 3.10** Die Dimension „Kunden". (Quelle: Eigene Darstellung)

- Inwiefern werden digitale Interaktionen zur Intensivierung der Kundenbeziehung verwendet?
- Werden kundennahe Initiativen bereits bewusst zur Differenzierung vom Wettbewerb eingesetzt?

### 3.3.3  Strategie

Die Dimension Strategie (Abb. 3.11) analysiert die Verankerung der digitalen Transformation in der Unternehmensstrategie. Die Entwicklung einer digitalen Agenda ist essenziell für den gesamten Prozess und bildet im besten Sinne des Wortes den „strategischen Rahmen" für alle funktions- und unternehmensübergreifenden Entscheidungen und Aktivitäten der Unternehmung.

Beispielhafte Fragestellungen:

- Ist eine Digitalstrategie festgelegt und auf die Unternehmensstrategie und Markenstrategie ausgerichtet?
- Sind Vision, Mission und Ziele mit der digitalen Strategie im Unternehmen verankert?
- Gibt es eine Digitalisierungs-Roadmap?
- Erfolgt eine wertorientierte Steuerung der definierten Maßnahmen und werden diese mit KPIs gemessen?
- Werden Analytics als Entscheidungsgrundlage verwendet?

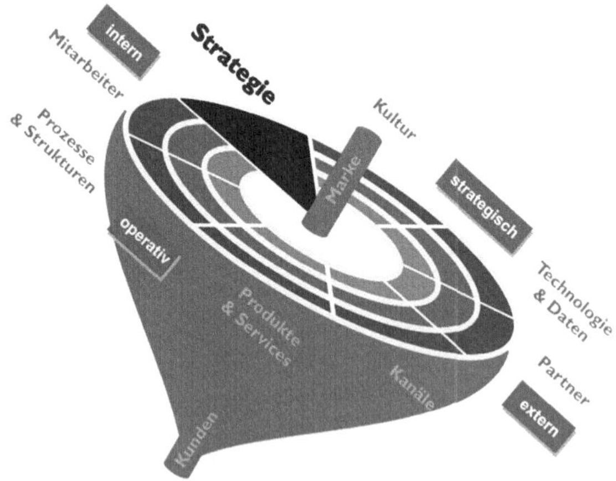


**Abb. 3.11**  Die Dimension „Strategie". (Quelle: Eigene Darstellung)

### 3.3.4 Kultur

Die gemeinsamen Werte, Einstellungen und Handlungen bilden die Grundlage der Bewertung der Komponente Kultur (Abb. 3.12). Für den digitalen Wandel ist die organisationale Reifung, also Veränderungsfähigkeit und Veränderungsbereitschaft, von großer Bedeutung, da sie – wie bei einem Change-Prozess gewünscht – Garant für Offenheit, Dynamik und Akzeptanz ist.

Beispielhafte Fragestellungen:

- Wird digitales und agiles Denken im gesamten Unternehmen aufgebaut?
- Wird ein unternehmerisches Mindset etabliert, um neue Geschäftsmodelle und Ideen zu entwickeln?
- Erfolgt der Wandel basierend auf einem bereichsübergreifenden Change Management?
- Wird der Veränderungsprozess im Rahmen der digitalen Transformation von der Vorstandsebene umfänglich unterstützt?
- Sind „Change-Agents" sowie „digitale Champions" benannt und prägend für die Umsetzung des Veränderungsprozesses?
- Gibt es Richtlinien und Grundsätze zur Verwendung und zum Umgang mit Social Media?

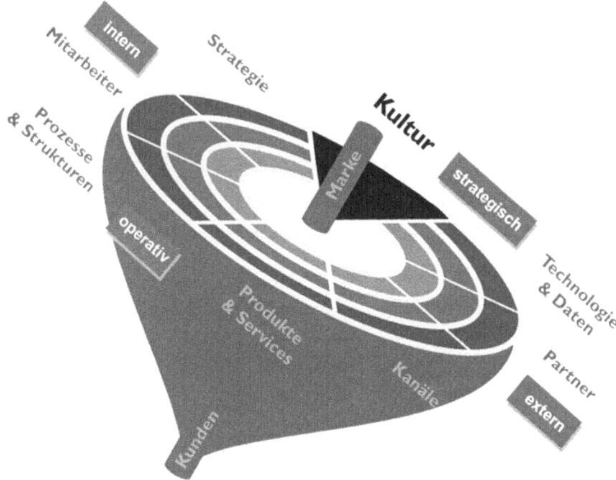


**Abb. 3.12** Die Dimension „Kultur". (Quelle: Eigene Darstellung)

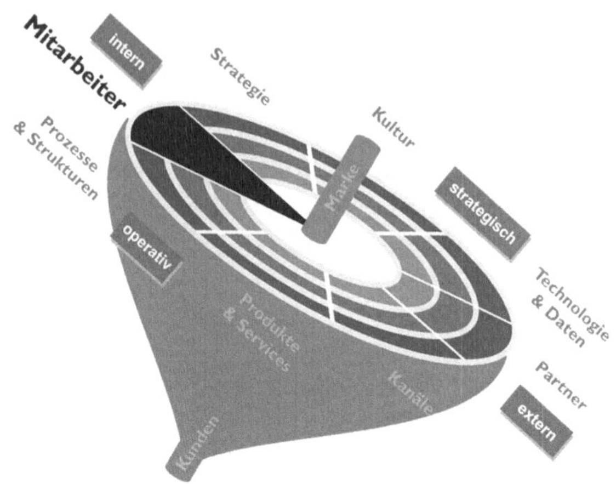


**Abb. 3.13** Die Dimension „Mitarbeiter". (Quelle: Eigene Darstellung)

### 3.3.5  Mitarbeiter

Die digitalen Fähigkeiten und Kompetenzen der Mitarbeiter werden in der Modellkomponente Mitarbeiter (Abb. 3.13) analysiert. Im Sinne des „Competence based View"[10], einer Inside-out-Methode, sind Kompetenzen für das Entstehen von Wettbewerbsvorteilen in einer digitalisierten Welt entscheidend.

Beispielhafte Fragestellungen:

- Sind die wesentlichen digitalen Fähigkeiten und Kompetenzen und deren gewünschte Ausprägung definiert?
- Ist es geplant, digitale Talente einzustellen und/oder die Fähigkeiten bei bestehenden Mitarbeitern zu entwickeln?
- Bestehen in den Fachbereichen die entsprechenden Fähigkeiten, um aus den digitalen Daten mithilfe der Analytics-Werkzeuge kundenbezogene Rückschlüsse zu ziehen?
- Werden die KPIs bis die Mitarbeiterebene runtergebrochen, um die Digitalisierung zu lenken?

---

[10]Vgl. hierzu Burmann, C. et al. (2018), S. 12.

### 3.3.6  Prozesse & Strukturen

Um zu erfassen, inwieweit Prozess- optimierungen und die Überarbeitung von suboptimalen Strukturen die Umsetzung der digitalen Agenda positiv beeinflussen, wird die Dimension Prozesse & Strukturen (Abb. 3.14) überprüft. Die Digitalisierung der Kernprozesse ist dabei eine der Hauptaufgaben.

Beispielhafte Fragestellungen:

- Sind die Prozesse Ende-zu-Ende digitalisiert und ermöglichen eine datengesteuerte Entscheidungsfindung?
- Werden die Prozesse überwacht, gemessen und optimiert, um den Kundennutzen zu erhöhen?
- Sind Standards für die Dokumentation und Pflege der Prozesse übergreifend, einheitlich definiert?
- Wie hoch ist der Automatisierungsgrad?
- Findet ein bereichsübergreifender Wissens- und Erfahrungsaustausch statt?
- Wie erfolgt die Budgetallokation zu den digitalen Maßnahmen?
- Unterstützen die Strukturen die definierte Digitalstrategie?

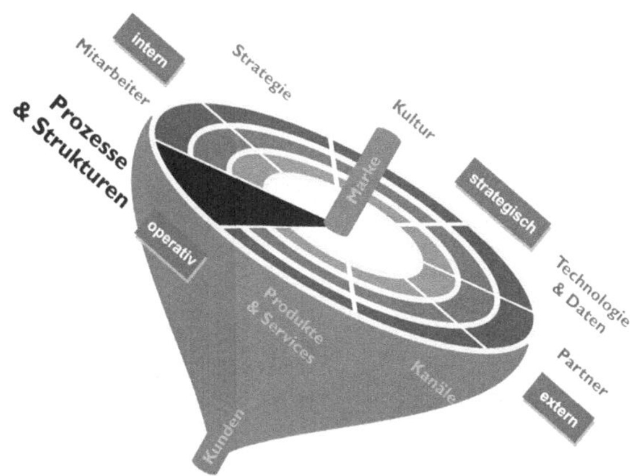


**Abb. 3.14**  Die Dimension „Prozesse & Strukturen". (Quelle: Eigene Darstellung)

### 3.3.7  Technologie & Daten

Das Beherrschen von digitalen Schlüsseltechnologien und dem smarten Generieren, Einsetzen und Nutzen von Daten sind von entscheidender Bedeutung und Gegenstand der Analyse der Dimension Technologie & Daten (Abb. 3.15). Ein spezielles Augenmerk liegt dabei auf der eigenen IT-Architektur, da die steigende Komplexität und die zunehmende Veränderungsgeschwindigkeit häufig zu einem Re-Design der IT-Infrastruktur führen.

Beispielhafte Fragestellungen:

- Wird der Einsatz neuer Technologien gefördert?
- Werden IT-Systeme und Applikationen – soweit möglich – über Bereiche hinweg konzipiert und eingesetzt, um z.B. digitale Technologien übergreifend und konsistent zur Verfügung stellen zu können?
- Gibt es eine IT-Referenzarchitektur, die technologisch gesehen „State of the Art" ist?
- Ist die IT- Architektur skalierbar, um eine wachsende Zahl von Kunden/Partnern zu verwalten?
- Liegen alle Daten eines Kunden zentral und übergreifend nutzbar für alle Kundenservice-/ Vertriebs-/ Marketingprozesse vor?
- Werden externe Daten genutzt, um Kundendaten anzureichern?
- Werden spezifische Datenschutzgesetze für die Erhebung und Weiterverarbeitung von digitalen Daten berücksichtigt?

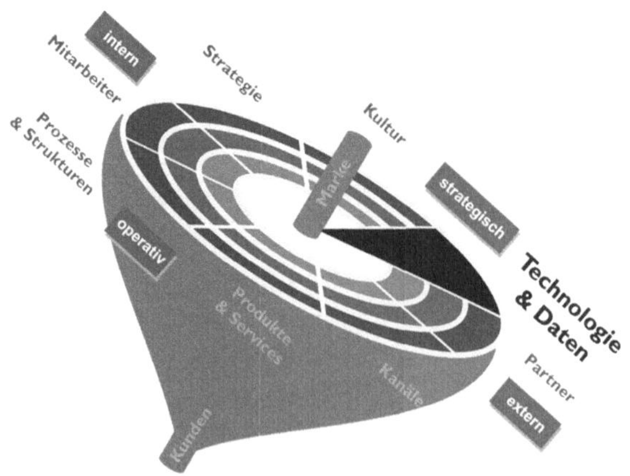


**Abb. 3.15**  Die Dimension „Technologie & Daten". (Quelle: Eigene Darstellung)

### 3.3.8 Partner

Das Ausmaß und die Qualität von Kooperationen und Zusammenarbeit mit Partnern bzw. Lieferanten ist Untersuchungsgegenstand der Dimension Partner (Abb. 3.16). Dabei sind einheitliche Standards und die gezielte Nutzung von technischen Gestaltungsräumen außerhalb der IT-Produktivsysteme für die Zusammenarbeit mit Partnern häufig sinnvoll.

Beispielhafte Fragestellungen:

- Ist ein an der digitalen Roadmap ausgerichtetes Partnernetzwerk etabliert?
- Gibt es ein strategisches Partnermanagement, welches gezielt die digitale Agenda unterstützt?
- Wie erfolgt die Identifizierung neuer Partner insbesondere für die Entwicklung neuer Geschäftsmodelle und Produkte („Radar" für Start-ups)? Sind die Fähigkeiten vorhanden, diese Partner wertsteigernd und kurzfristig zu integrieren?
- Sind die Partner in die eigene IT-Landschaft über standardisierte Schnittstellen integriert? Sind entsprechende Schnittstellen, definierte Standards und Technologien vorhanden und werden diese gezielt und effektiv gemanagt?
- Existieren verbindliche Sicherheits- und Datenschutzrichtlinien? Werden die Vertragspartner darin geschult?

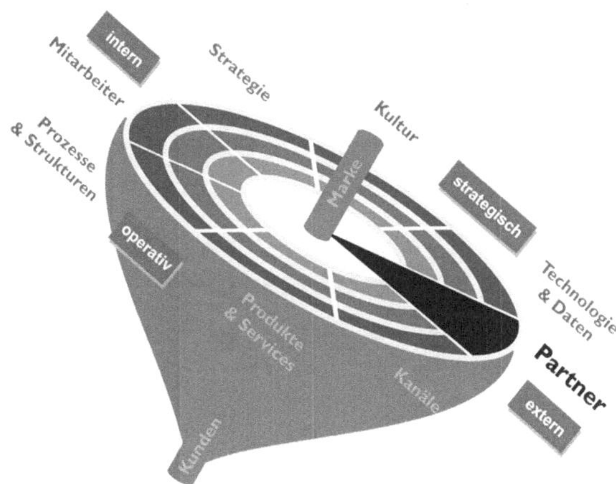


**Abb. 3.16** Die Dimension „Partner". (Quelle: Eigene Darstellung)

### 3.3.9   Produkte & Services

Inwieweit sich das Produkt- und Dienstleistungsangebot durch die neuen digitalen Möglichkeiten erweitert hat, wird in der Modellkomponente Produkte & Services (Abb. 3.17) analysiert. Digital führende Unternehmen nutzen zur Angebotserweiterung gezielt agile Entwicklungsmethoden, um die Time-to-Market erheblich zu verkürzen.

Beispielhafte Fragestellungen:

- Sind bereits bereichsübergreifende Prozesse bzw. Strukturen zur Produkt- und Geschäftsmodellentwicklung in der Organisation verankert?
- Erfolgt eine strategische Integration der IT-Partner, um Produkte und Services entwickeln zu können?
- Wie viele digitale Produkte und Services werden bereits angeboten? Welche Wettbewerbsvorteile ergeben sich durch diese Produkte?
- Helfen die digitalen Produkte und Services die Marke zu stärken?
- Wie viel Prozent des Gesamtumsatzes werden durch neue Produkte und Services generiert?

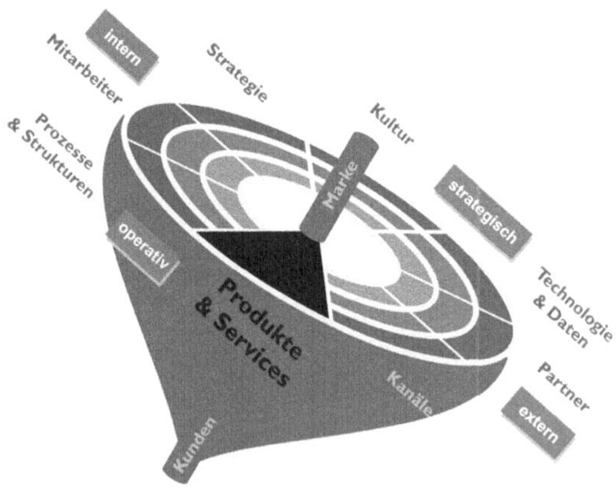


**Abb. 3.17**  Die Dimension „Produkte & Services". (Quelle: Eigene Darstellung)

### 3.3.10 Kanäle

Das Angebot und die Steuerung von unterschiedlichen Zugangs- und Vertriebskanälen zum Zweck einer durchgängigen Customer Experience ist Bewertungsgegenstand der Dimension Kanäle (Abb. 3.18). Dabei entscheiden zunehmend die Kunden, über welchen Kanal sie welche Informationen erhalten und damit, über welche Kontaktpunkte sie mit einem Unternehmen in den Dialog treten möchten. Beispielhafte Fragestellungen:

- Unterstützt die Kanalstrategie die Markenwahrnehmung?
- Ist eine nahtlose Customer Journey über die verschiedenen Kanäle definiert („Omnichannel-Strategie")?
- Gibt es eine durchgängige Customer Experience über alle Kanäle hinweg (online & offline)?
- Existieren Design-Richtlinien, Werkzeuge, Techniken für Customer Experience Design und findet ein Austausch zwischen den Bereichen statt?
- Werden fortlaufend Anpassungen auf Basis von (Kunden-) Feedback durchgeführt?
- Werden die Kundeninteraktionsdaten über alle Kanäle gesammelt und kanalübergreifend analysiert? Können darauf basierend personalisierte Inhalte erstellt werden (z. B. Kundenbindungsangebote)?
- Werden die Inhalte zentral verwaltet und findet ein Austausch von Cross-Chanel-Inhalten statt?

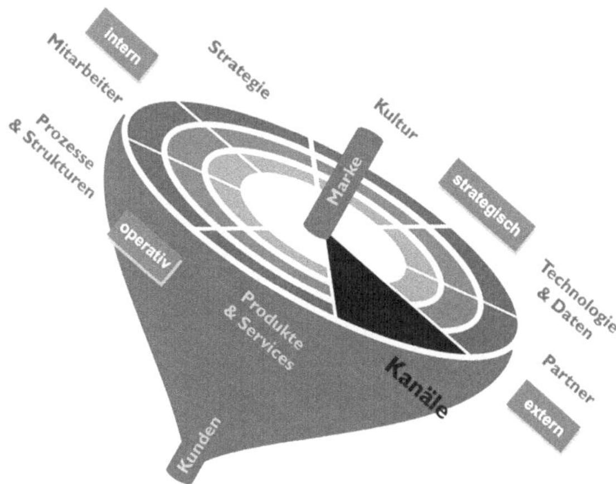


**Abb. 3.18**  Die Dimension „Kanäle". (Quelle: Eigene Darstellung)

# Zusammenfassung und Ausblick  4

Das vorliegende Werk wollte Erkenntnisfortschritte auf theoretischer und praxis-orientierter Ebene durch die Beantwortung folgender Fragestellungen erzielen: 1) Was sind die entscheidenden Dimensionen einer markenorientierten digitalen Transformation? 2) Wie lässt sich die markenorientierte digitale Transformation in einem Modell zusammenfassen?

Basierend auf dem aktuellen Forschungsstand der Markenführung, den Grundlagen der digitalen Transformation und den Erkenntnissen aus der qualitativen Studie wurde zunächst eine „Suchfeld-Matrix" vorgestellt, die die entscheidenden Dimensionen der digitalen Transformation definiert.

Im Zentrum der Ausarbeitung stand schließlich ein Modell, das durch die Ein-flechtung der Marke in den Prozess der digitalen Transformation internen und externen Anspruchsgruppen mehr Orientierung, Zuversicht und Akzeptanz geben kann. Insgesamt ermöglicht der vorgestellte Marken-Transformations-Kreisel eine holistische Betrachtung einer markenorientierten digitalen Transformation.

Auch wenn die digitale Transformation im Kern einem klassischen Wandel im Business entspricht, so bleibt die entscheidende Frage: „Was braucht die Welt? Sicherlich nicht das tausendste Change-Programm. Sondern frische, inspirierende, neue Impulse, die Veränderungen und Innovationen möglich und Erfolge leichter machen"[1] und so werden auch in Zukunft die Marke und die ambitionierten Menschen hinter der Marke eine wichtige Rolle im Wandel von morgen spielen.

---

[1]Assig, D. und Echter, D. (2018), S. 9.


A. Mertens, *Markenorientierte digitale Transformation,* essentials,
https://doi.org/10.1007/978-3-658-24925-0_4

# Was Sie aus diesem *essential* mitnehmen können

- Einen umfassenden Einblick in die kontinuierlich steigenden Anforderungen im digitalen Zeitalter
- Eine neue Perspektive auf die zentrale Herausforderung vieler Organisationen
- Einen holistischen Ansatz, der Zugang zum Thema der digitalen Transformation gibt und über die Einflechtung der Marke in den Transformationsprozess Orientierung, Zuversicht und Akzeptanz ermöglicht
- Eine memorierbare Analogie, die alle wesentlichen Dimensionen eines Transformationsprozesses in ein einfaches und einprägsames Bild übersetzt

© Springer Fachmedien Wiesbaden GmbH, ein Teil von Springer Nature 2019     37
A. Mertens, *Markenorientierte digitale Transformation*, essentials,
https://doi.org/10.1007/978-3-658-24925-0

# Literatur


Aaker, D. A. (2010). *Building strong brands*. London: Pocket Books.

Abbate, S. (2014). *Marken als Sinnstifter. Identitätsbasierte Markenführung als Antwort auf den Wandel*. Wiesbaden: Springer.

Anthony, S. D., Gilbert, C. G., & Johnson, M. W. (2017). *Dual transformation. How to reposition today's business while creating the future*. Boston: Harvard Business Review Press.

Assig, D., & Echter, D. (2018). *Freiheit für Manager. Wie Kontrollwahn den Unternehmenserfolg verhindert*. Frankfurt: Campus Verlag.

Back, A. (2016). Enterprise 2.0 – Digitale Transformation durch soziale Technologien. In C. P. Hoffmann, S. Lennerts, C. Schmitz, W. Stölzle, & F. Uebernickel (Hrsg.), *Business Innovation: Das St. Galler Modell* (S. 123–138). Wiesbaden: Springer.

Baumgarth, C. (2014). *Markenpolitik: Markentheorien, Markenwirkungen, Markenführung, Markencontrolling, Markenkontexte* (4. Aufl.). Wiesbaden: Springer.

Becker, T., & Knop, C. (2015). *Digitales Neuland. Warum Deutschlands Manager jetzt Revolutionäre werden*. Wiesbaden: Gabler.

Berndt, J. C., & Henkel, S. (2014). *Brand New. Was starke Marken heute wirklich brauchen*. München: Redline Wirtschaft.

Bruce, A. (2012). Markenführung auf Augenhöhe. *MediaSpectrum, 2012*(06–07), 12–13.

Burmann, C., Blinda, L., & Nitschke, A. (2003). *Konzeptionelle Grundlagen des identitätsbasierten Markenmanagements*. LiM-Arbeitspapiere, Universität Bremen.

Burmann, C., Halaszovich, T., Schade, M., & Piehler, R. (2018). *Identitätsbasierte Markenführung. Grundlagen – Strategie – Umsetzung – Controlling* (3. Aufl.). Wiesbaden: Gabler.

Burmann, C., & Meffert, H. (2005). Managementkonzept der identitätsorientierten Markenführung. In H. Meffert, C. Burmann, & M. Koers (Hrsg.), *Markenmanagement. Identitätsorientierte Markenführung und praktische Umsetzung* (S. 73–114). Wiesbaden: Springer Fachmedien.

Christensen, C. M., Raynor, M. & McDonald, R. (2016). Was ist disruptive Innovation? *Harvard Business Manager, 38*(1), 64–75.

Cole, T. (2015). *Digitale Transformation. Warum die deutsche Wirtschaft gerade die digitale Zukunft verschläft und was jetzt getan werden muss! – Impulse für den Mittelstand*. München: Vahlen.



© Springer Fachmedien Wiesbaden GmbH, ein Teil von Springer Nature 2019
A. Mertens, *Markenorientierte digitale Transformation*, essentials,
https://doi.org/10.1007/978-3-658-24925-0

Domizlaff, H. (2005). *Die Gewinnung des öffentlichen Vertrauens. Ein Lehrbuch der Markentechnik* (7. Aufl.). Hamburg: Marketing Journal.

Esch, F.-R. (2011). *Strategie und Technik der Markenführung* (7. Aufl.). München: Vahlen.

Gärtner, C., & Heinrich, C. (Hrsg.). (2018). *Fallstudien zur Digitalen Transformation. Case Studies für die Lehre und praktische Anwendung.* Wiesbaden: Gabler.

Gassmann, O., & Sutter, P. (2016). *Digitale Transformation im Unternehmen gestalten, Geschäftsmodelle – Erfolgsfaktoren – Handlungsanweisungen – Fallstudien.* München: Hanser.

Gladwell, M. (2002). *Der Tipping-Point. Wie kleine Dinge Großes bewirken können.* München: Goldmann.

Henkel, S., Tomczak, T., Kernstock, J., Wentzel, D., & Brexendorf, T. O. (2012). Das Behavioral-Branding-Konzept. In T. Tomczak., F.-R. Esch, J. Kernstock, & A. Hermann (Hrsg.), *Behavioral Branding. Wie Mitarbeiterverhalten die Marke stärkt* (2. Aufl., S. 197–212). Wiesbaden: Gabler.

Hillebrand, R., & Finger, L. (2015). Einkaufen in der Zukunft: Wie die Digitalisierung den Handel verändert. In T. Becker & C. Knop (Hrsg.), *Digitales Neuland. Warum Deutschlands Manager jetzt Revolutionäre werden* (S. 89–101). Wiesbaden: Gabler.

Hoffmann, D., & Pusch, A. (2011). Erfolgsfaktoren der Markeninszenierung im Social Web. In E. Theobald, & P. T. Haisch (Hrsg.), *Brand Evolution – Moderne Markenführung im digitalen Zeitalter* (S. 335–356). Wiesbaden: Gabler.

Iansiti, M., & Lakhani, K. R. (2014). Digital Ubiquity: How Connections, Sensors, and Data Are Revolutionizing Business (Digest Summary). *Harvard Business Review, 92*(11), 91–99.

Kapferer, J.-N. (1992). *Die Marke – Kapital des Unternehmens.* Landsberg: Verlag Moderne Industrie.

Kapferer, J.-N. (2012). *The new strategic brand management. Advanced insights and strategic thinking* (5. Aufl.). London: Kogan Page.

Keller, K. L. (2013). *Strategic brand management. Building, measuring, and managing brand equity.* New Jersey: Pearson.

Krcmar, H. (2018). Grundlagen der digitalen Transformation. In G. Oswald & H. Krcmar (Hrsg.), *Digitale Transformation. Fallbeispiele und Branchenanalysen* (S. 5–10). Wiesbaden: Gabler.

Lembke, G., & Honal, A. (2015). Die digitale Transformation als Treiber digitaler Markenführung. *Marketing Review St. Gallen, 32*(1), 62–69.

Mertens, A., & Caspari, M. (2012). Social Brand Loyalty – Soziale Markenloyalität durch systematisches Interagieren mit Fans. In M. Schulten, & A. Mertens, & A. Horx (Hrsg.), *Social Branding, Strategien – Praxisbeispiele – Perspektiven* (S. 111–128). Wiesbaden: Gabler.

Mühleck, K. H., Baumöl, U., (2016). Die Digitale Transformation als Treiber für die thyssenkrupp-IT-ein" Mega-Change". *Controlling, 28*(2), 151–152.

Nathan E. (2016). Gartner – 21 Billion IoT Devices to invade by 2020. http://www.informationweek.com/mobile/mobile-devices/gartner-21-billion-iot-devices-to-invade-by-2020/d/d-id/1323081.

Oswald, G., & Krcmar, H. (Hrsg.). (2018). *Digitale Transformation. Fallbeispiele und Branchenanalysen.* Wiesbaden: Gabler.

Porter, M. E., & Heppelmann, J. E. (2014). How smart, connected products are transforming competition. Harvard Business Review. *92, 11,*64–88.

Radtke, B. (2014). *Markenidentitätsmodelle. Analyse und Bewertung von Ansätzen zur Erfassung der Markenidentität.* Wiesbaden: Gabler.

Renner, K.-H., & Renner, T. (2011). *Digital ist besser: Warum das Abendland auch durch das Internet nicht untergehen wird.* Frankfurt: Campus.

Rigby, D., & Bilodeau, B. (2015). *Management Tools & Trends 2015.* London: Bain & Company.

Rorsted, K. (2015). Aus Konsumgüterunternehmen werden Real Time Enterprises. In T. Becker & C. Knop (Hrsg.), *Digitales Neuland. Warum Deutschlands Manager jetzt Revolutionäre werden* (S. 103–112). Wiesbaden: Gabler.

Schallmo, D., Rusnjak, A., Anzengruber, J., Werani, T., & Jünger, M. (Hrsg.). (2016). *Digitale Transformation von Geschäftsmodellen: Grundlagen, Instrumente und Best Practices.* Wiesbaden: Gabler.

Schweer, D., & Sahl, J. C. (2016). Die digitale Transformation der Industrie – wie Deutschland profitiert. In a. Abolhassan (Hrsg.), *Was treibt die Digitalisierung?* (S. 39–48). Wiesbaden: Gabler.

Sensler, C., & Grimm, T. (2016). Die fantastischen Fünf – keine Angst vor der digitalen Transformation. *Wirtschaftsinformatik & Management, 8*(1), 45–53.

Tomczak, T., & Brexendorf, T. O. (2005). *Markenaufbau und Markenpflege. Grundlagen und Praxis zur erfolgreichen Umsetzung.* Zürich: BILANZ.